Inhaltsverzeichnis

Vollkornbrot	Seite 3
Buttermilchbrötchen	Seite 4
Flaches Quark-Fladenbrot	Seite 6
Baguette	Seite 7
Kürbiskern-Brot (2 Brote)	Seite 8
Hamburger-Brötchen	Seite 9
Knäckebrot	Seite 10
Mandelkekse	Seite 11
Chocolate Cookies	Seite 12
Vanille-Kipferl	Seite 13
Kokosmakronen	Seite 14
Käsekuchen	Seite 15
Nuss-Kuchen	Seite 17
Mohn-Muffins	Seite 18
Schoko-Muffins	Seite 20
Kokosnussmuffins mit Schokostückchen	Seite 21
Quark-Bällchen	Seite 22
Waffeln	Seite 23
Pfannkuchen	Seite 24
Tortilla	Seite 25
Rote-Beete-Drink	Seite 26
Sesam-Joghurt-Drink	Seite 27
Guacamole	Seite 28
Blumenkohlpüree	Seite 29

Herstellung und Verlag:
BoD - Books on Demand, Norderstedt
ISBN 978-3-7357-4216-2

Blumenkohl-Pizzaboden	Seite 30
Pfifferling-Rucola-Ragout	Seite 31
Paprikaschiffe mit Camenbert-Creme	Seite 32
Auberginen mit Feta-Walnuss-Füllung	Seite 33
Tofuklöße	Seite 35
Hackfleischrollen in Creme Fraiche Tomatensosse	Seite 36
Hotwings mit Bluecheese Dip	Seite 37
Putensteaks in Kapern-Sahne-Soße	Seite 39
Canneloni	Seite 40
Parmesan Chickenstripes	Seite 41
Salzbraten	Seite 42
Cola Hähnchen	Seite 43
Italienischer Hackbraten	Seite 44
Soja- Taler mit Speck und Käse	Seite 45
Putenbrust-Gemüsepfanne	Seite 46
Knoblauchhuhn	Seite 47
Chili	Seite 48
Indisches Lamm mit Spinat	Seite 49
Hasenfilets	Seite 51
Entenbrustfilets in Gin flambiert	Seite 52
Tiramisu	Seite 53
Pannacotta	Seite 55
Mousse au Chocolat	Seite 56

Vollkornbrot

Zutaten
140 g gemahlene Mandeln
130 g gemahlene Haselnusskerne
160 g Gluten
15 g Weizenkleie
300 ml warmes Wasser
2 Päckchen Trockenhefe
2 TL Salz
30 g Sesam
30 g Leinsamen
50 g Walnusskerne
30 g Sonnenblumenkerne

Zutaten
Alle Zutaten gut miteinander vermischen, dann das warme Wasser hinzufügen.
Mit Backpapier in eine Königskuchenform geben. Backofen auf 50° C vorheizen und wieder ausschalten. Brot im Backofen 1-1,5 Std. gehen lassen. Dann mit 170 C ca. 45 Min backen.

Buttermilchbrötchen

Zutaten
230 ml Buttermilch
1 TL Honig
1 Würfel Hefe
140 g gemahlene Mandeln
2 EL Sojaflocken
2 EL Gluten (Weizenkleber; Reformhaus oder
Bioladen)
200 g Dinkelmehl (Type 1050)
1 TL Salz
1 TL Brotgewürz
etwas Kümmel
4 EL Rapsöl
2 EL Amaranth

Zubereitung
Die Buttermilch mit dem Honig leicht erwärmen
(handwarm), die Hefe darin auflösen. Gemahlene
Mandeln mit Sojaflocken, Gluten, Dinkelmehl,
Salz und Brotgewürz vermischen.
Die Hefe-Buttermilch und das Öl zum Mehl geben,
alles gut vermischen. Den Teig ca. 10 Min. kneten.
Danach zugedeckt 30 Min. an einem warmen Ort
gehen lassen.
Den Ofen auf 200° vorheizen. Ein Blech mit
Backpapier belegen. Den gegangenen Teig kräftig

durchkneten. Daraus 12 runde Brötchen formen, auf das Blech legen und zugedeckt nochmals 25 Min. gehen lassen.

Die Brötchen kreuzförmig einschneiden, mit lauwarmem Wasser bestreichen und mit Amaranth bestreuen. Eine ofenfeste Tasse mit Wasser in den Backofen stellen. Die Buttermilchbrötchen im Ofen 30-35 Min. backen. Abkühlen lassen.

Flaches Quark-Fladenbrot

Zutaten
120 g Magerquark
2 Eier
1 Prise Salz
1 EL Sesam
1 EL Gluten

Zubereitung
Den Backofen auf 180° vorheizen. Ein Blech mit
Backpapier belegen. Den Quark gut auspressen.
Die Eier trennen, die Eiweiße mit Salz steif
schlagen. Die Eigelbe mit Quark cremig rühren.
Sesam und Gluten mischen und zusammen mit
dem Eischnee vorsichtig unter die Quarkmasse
heben.
Mit einem Esslöffel 8 gleich große Portionen auf
das Blech setzen. Im Ofen bei 180 Grad 40 Min.
backen. Die Quarkfladen im Ofen auskühlen
lassen.

Baguette

Zutaten
160 g Mandelmehl
30 g Flohsamenschalen
0,5 TL Salz
2 TL Backpulver
2 Eiweiße
260 ml kochendes Wasser

Zubereitung:
Ofen auf 180°C vorheizen. Trockene Zutaten mit dem Handmixer mischen, damit sich die Klumpen schon mal lösen. Eiweiß unterrühren bis ein bröseliger Teig entsteht.
Ab jetzt zügig arbeiten. Das Wasser zugeben und mit dem Handmixer gut mischen. Den Teig entweder zu 5 Minibaguettes oder einem großen Baguette formen. Nach Wunsch mit Körnern, Kümmel, oder Käse bestreuen.

Kürbiskern-Brot (2 Brote)

Zutaten
600 ml Wasser
200 g Kürbiskernmehl
200 g Leinsamenmehl
120 g Gluten
2 TL Salz
1 EL Koriander
1 TL Kümmel
50 g Kürbiskerne
1/2 Würfel Hefe

Zubereitung
Alle trockenen Zutaten außer die ganzen
Kürbiskerne gut vermischen und dann nach und
nach warmes Wasser unterkneten bis ein fester,
homogener Teig entsteht.
Kürbiskerne einkneten.
Zum Schluss die Hefe darauf bröseln und
nochmals 10 Minuten kräftig durchkneten.
2 Brotlaibe formen und auf ein mit Backpapier
ausgelegtes Blech legen.
Die Brote im Ofen bei 40° Umluft 2 - 3 Stunden
aufgehen lassen und anschließend 90 Minuten bei
150°Grad backen.
Im warmen Ofen auskühlen lassen.

Hamburger-Brötchen

Zutaten
10g geschmolzene Butter
10g Gluten
30g Leinsamenmehl
1/2 Tl Backpulver
1 Ei
Prise Salz
Prise Pfeffer
1/2 Tl Brotgewürz

Zubereitung
Alles miteinander verrühren und in einer Müsli-Schale glatt streichen und ein paar Sesamkörner darauf verteilen.

1,5 Minuten bei 900 Watt in die Mikro, abkühlen lassen, stürzen und noch auskühlen lassen.
Aufschneiden und bei Bedarf noch kurz toasten.

Knäckebrot

Zutaten
2 Esslöffel gemahlenen Leinsamen
2 Esslöffel geschroteten oder ganzen Leinsamen
1 Ei
Salz
Brotgewürz oder Kümmel

Zubereitung
Alles gut miteinander verrühren und in eine
kleine runde Silikonbackform streichen.

Für ca. 5 Minuten bei 1000 Watt in die
Mikrowelle geben. Gegebenenfalls nochmals
umdrehen und nochmals 1 Minute in die
Mikrowelle geben.

Schmeckt fast wie echtes Knäcke - und ist
blitzschnell gemacht

Mandelkekse

Zutaten
70g Butter (in der Mikrowelle schmelzen)
50g Eiweißpulver
50g gemahlene Mandeln
50ml süße Sahne
Flüssigsüßstoff
1 TL Backkakao
1 gestrichenen TL Weinsteinbackpulver
1/2 Fläschchen Bittermandel Backaroma

Zubereitung
Alle Zutaten in eine Schüssel geben und
verrühren.
Mit Hilfe von 2 Esslöffeln kleine Teighäufchen
auf ein mit Backpapier ausgelegtes Blech geben..
Die Kekse breiten sich während des Backens aus.
.
Die Backzeit beträgt ca 10-15 Minuten bei 180
Grad Umluft.

Chocolate Cookies

Zutaten
130g Sojamehl
35g Kakaopulver
45g Kokosöl
10g Butter
Süsstoff nach Geschmack
170ml Wasser

Zubereitung
Den Backofen auf 180 °C vorheizen
Das Mehl mit Kakaopulver verrühren.
Die Butter und Kokosöl in einer Schale im
aufheizenden Backofen oder in der Mikrowelle
kurz erwärmen, bis es flüssig ist und zum Mehl
dazu geben.
Warmes Wasser mit Süßstoff verrühren ins Mehl
geben, sowie mit einer Gabel vermixen, bis ein
Teig entsteht.
Den Teig mit einem Löffel auf das mit Backpapier
ausgelegte Blech geben (ca. 9 Häufchen)
Die Cookies ca. 25 Minuten bei 180 °C im
Backofen auf mittlerer Schiene backen.
Herausnehmen und abkühlen lassen.

Vanille-Kipferl

Zutaten
500g Mandelmehl
Süsstoff nach Geschmack
2 Eier
2 EL Gluten
150g Kokosraspel
250g geschmolzene Butter
Mark von 1 Vanilleschote
1 Fläschchen Butter-Vanille Aroma

Zubereitung
Die Zutaten vermischen. Den Teig gut
durchkneten bis er eine Kugel gibt. Dann für etwa
1 Stunde in den Kühlschrank.
Den Ofen auf 160° vorheizen und Kipferl auf
einem Blech formen. Genügend Abstand halten
zwischen den Kipferln. Nach etwa 10-15min
Backzeit auf mittlerer Stufe sind die Kipferl
schön goldbraun. Die Kipferl aus dem Ofen
nehmen und 5min abkühlen lassen.

Kokosmakronen

Zutaten
100 g Kokosraspel
1 Ei
2 Eiweiß
1 Fläschchen Vanilleöl
Süßstoff
200 ml Wasser

Zubereitung
Kokosraspel in Wasser einweichen. Mindestens
eine Stunde stehen lassen, bis das Wasser
aufgesogen ist.
Ein Ei unterrühren. 2 Eiweiß mit Süßstoff und
Vanille steif schlagen und unterheben. Wenn es
zu nass und bröselig ist, kann man etwas
Mandelmehl unterheben. Mit einem Löffel auf ein
Backblech mit Backpapier geben. Ab in den Ofen
und bei 200° so lange backen, bis sie leicht braun
sind. Über Nacht im Kühlschrank stellen.

Käsekuchen

Zutaten
für den Boden
120 g weiche Butter
2 Eigelbe
200 g gemahlene Mandeln
Süßstoff
30 g Gluten

Zubereitung
Die weiche Butter mit den Eigelben, Süßstoff und
Mandeln mischen. Zum Schluss die Gluten
dazugeben. Kurz durchkneten. In Springform
geben und 15 min bei 180 Grad im Ofen backen.

Zutaten
Käsekuchenmasse
500 gr. Quark
2 Eier
Süsstoff
1 Pck. Vanillepuddingpulver
5 EL Mascarpone
1/2 Tasse Öl
1/2 Tasse Sojamilch

Zutaten

Alle Zutaten (außer das Eiweiß, das muss geschlagen werden) miteinander vermischen und auf den gebackenen Boden geben.

Nochmals 45 Minuten in den Ofen geben.

Dan die beiden Eiweiße mit etwas Süßstoff schlagen.

 Auf die Käsemasse geben und noch mal kurz für 15 Minuten in den Ofen geben.

Nuss-Kuchen

Zutaten
200g weiche Butter
120g weiße gemahlene Mandeln
100g Eiweißpulver
60g Kokosflocken
50g gemahlene Haselnüsse
3 Eier
2 EL Zitronensaft
Süßstoff
1Fl. Buttervanillearoma
3 gestrichene TL Backpulver

Zubereitung
Zuerst die Kastenform dünn fetten und mit
Mandelmehl bestäuben. Den Backofen vorheizen.
Alle Zutaten in einer Schüssel miteinander
vermengen. Mit einem Rührgerät verrühren.
Den Teig in die Form füllen.
Den Kuchen 55-60 Min. auf der unteren Schiene
backen. 15 Minuten stehen lassen, dann aus der
Form lösen.

Mohn-Muffins

Zutaten
200 g gemahlener Mohnsamen
$\frac{1}{8}$ l heiße Milch
Süsstiff
Salz
40 g Speisestärke
170 g Mehl
1 Pck. Backpulver
$\frac{1}{2}$ gestrichener TL Natron
100 g helles Mandelmehl (entölt)
200 ml Kefir
80 ml neutrales Öl
10 g Flohsamenschalen

Zubereitung
Ofen auf 180° (Umluft) vorheizen. Für die
Mohnmasse den Mohn in einer Schüssel mit der
heißen Milch überbrühen und mit Vanille,
Süsstoff und 1 Prise Salz mischen. Anschließend
die Mohnmischung ca. 15 Min. quellen lassen.

Inzwischen Stärke, Mehl, Backpulver, Süsstoff,
Natron und Mandelmehl in einer Rührschüssel
gründlich verrühren. Den Kefir hinzufügen und
unterheben. Die Mohnmasse zum Teig geben, Öl

und Flohsamenschalen dazugeben und alles gut zu einem Teig verrühren.

Den Teig in die Papierförmchen verteilen und die Küchlein im Ofen ca. 25 Min. backen.

Herausnehmen und auf einem Kuchengitter kurz abkühlen lassen.

Schoko-Muffins

Zutaten
3 EL Butter
4 EL Leinsamenmehl
3 EL Eiweißpulver
3 Eier
1 EL Kakao
1 EL Sahne
 1 Teelöffel Backpulver
Flüssigsüsse

Zubereitung
Alle Zutaten in eine Schüssel geben. Mit dem
Handrührgerät ca. 2 Minuten vermischen

Je ca. 2 EL Teig in Muffinförmchen geben.

Ca. 25 Minuten auf mittlerer Schiene bei 180
Grad backen.

Kokosnussmuffins mit Schokostückchen

Zutaten
140 g weiche Butter
140 g Kokosnussmehl
100 ml Kokosnussmilch
Süsstoff
6 Eier
1 Fläschchen Butter Vanille Aroma
3 Prisen Salz
1 TL Backpulver
2 Stücke Schokolade 90%

Zubereitung
Butter, Eier, Aroma, Salz und Kokosnussmilch gut
miteinander verrühren. Kokosmehl, Backpulver
und Süsstoff in einem extra Behälter vermengen
und zu dem anderen Zutaten dazugeben.
Das Ganze sehr gut mit dem Handrührgerät
verrühren. Letztendlich die Schokolade sehr fein
hacken und unterheben

In die Formen geben..

Bei 170°C Umluft ca. 20 Minuten lang backen.

Quark-Bällchen

Süsstoff
80g Speisequark
1 Ei
40g Eiweisspulver neutral
2 Tropfen Backaroma Vanille
1 TL Backpulver

Zubereitung
Alle Zutaten in eine Schüssel geben und
vermischen, kleine Kugeln formen und in das heiße
Frittierfett geben. Wenn sie goldbraun sind,
dann herausnehmen. Auf Küchenpapier abtropfen
lassen und mit Streusüße bestreuen.

Waffeln

Zutaten
200g weiche Butter
250g Quark
9 Eier
Süßstoff nach Geschmack
120g geschrotenen Leinsamen
eine Prise Salz
100g Eiweißpulver

Alle Zutaten gut vermischen und portionsweise
in ein Waffeleisen geben. Goldbraun backen.
Eventuell zu viel gebackene Waffeln kann man
gut einfrieren.

Pfannkuchen

Zutaten
2 Eier
2 EL neutrales EW Pulver
4 El Schlagsahne,
1g Bindobin
1/4 Flasche Butter Vanille Aroma
1 Prise Zimt

Zubereitung
Alles zu einem Teig verrühren.
Butter in eine Pfanne zerlassen. Teig
portionsweise im heißen Fett ausbacken.

Tortilla

Zutaten
3 Eier
1 Schälchen Mandelmehl
3/4 Schälchen Ricotta
1/2 Schälchen Milch
Salz
Fett für die Pfanne

Zubereitung
Alle Zutaten mit dem Schneebesen verrühren.
Pfanne einfetten, dann Teig
einfüllen und 2 Minuten stocken lassen.
Anschließend vorsichtig wenden und
nochmals 1 Minute backen. Nun wunschgemäß
weiterverarbeiten.

Rote-Beete-Drink

Zutaten
200 ml Rote-Bete-Saft
200 g Sojajoghurt
Salz
Cayennepfeffer

Zubereitung
Alle Zutaten in den Mixer geben und vermischen.

Sojamilch mit Gurke

Zutaten
1 Salatgurke
1/2 Bund Dill
150 ml ungesüßter Soja-Drink
Salz

Zubereitung
Alle Zutaten in den Mixer geben und vermischen.

Sesam-Joghurt-Drink

Zutaten
2 EL Sojaflocken
2 Grapefruits
500 g Sojajoghurt
1 EL Tahin
1 Prise Zimt
Süsstoff

Zubereitung
Alle Zutaten in den Mixer geben und vermischen.

Guacamole

Zutaten
3 Avocado
9 EL Zitronensaft
4 Zehen Knoblauch
10 Cocktailtomaten
Pfeffer und Salz

Zubereitung
Das Avocadofleisch aus der Schale lösen und in einem tiefen Teller mit der Gabel zerdrücken. Sofort mit dem Zitronensaft mischen.
Nun 9 Cocktailtomaten in sehr kleine Stücke schneiden und mit zerdrücktem Knoblauch dazu geben. Die Chilischote der Länge nach aufschlitzen und die Kerne entfernen. In feine Streifen schneiden und untermischen. Mit Pfeffer und Salz abschmecken und der letzten Tomate garnieren.

Blumenkohlpüree

Zutaten
500 g Blumenkohl
5 EL Doppelrahmfrischkäse
1 EL Butter
Salz, Peffer, Muskat nach Belieben

Zubereitung
Den Blumenkohl in Röschen teilen und
weichkochen.
Sehr gut abtropfen lassen, und noch heiß mit
einem Stabmixer pürieren oder durch die
Kartoffelpresse drücken.
Mit Butter und Frischkäse vermengen und mit
Salz, Pfeffer und evtl. Muskat abschmecken.
Warm servieren.

Blumenkohl-Pizzaboden

Zutaten
125 g gekochter und geraspelter Blumenkohl
125 g Mozzarella
1 Ei
Salz
Oregano
Pizzagewürze

Zubereitung
Den Backofen auf 230°C vorheizen. Den Blumenkohl nach dem Kochen und Raspeln noch einmal gründlich ausdrücken, je weniger Restflüssigkeit vorhanden ist, umso besser gelingt der Boden. Dann den Mozzarella, das Ei und die Gewürze/Kräuter hinzufügen und ordentlich verrühren.
Das Ganze dünn auf einem Backblech verteilen.
Den Boden ca. 15 Minuten backen.

Anschließend nach Wunsch belegen und noch einmal in den Ofen schieben, bis der Käse auch ordentlich zerlaufen ist.

Pfifferling-Rucola-Ragout

Zutaten
500 g Pfifferlinge
120 g durchwachsenen Speck in Scheiben
50 g Kräuterbutter
1 Bund Rucola
1 TL Balsamessig
Salz, Pfeffer
4 Eier

Zubereitung
Pfifferlinge putzen, Speck in Streifen schneiden
und in einer Pfanne bei mittlerer Hitze anbraten.
Die Kräuterbutter dazugeben und erhitzen,
anschließend die Pfifferlinge. Alles ca. 2-3 min
braten.
Vom Rucola zunächst die Stiele entfernen, dann
quer in Streifen schneiden. Mit den Pfifferlingen
vermischen und mit Salz, Pfeffer und Balsamico
würzen.
Aus den Eiern Spiegeleier braten. Zusammen
servieren.

Paprikaschiffe mit Camenbert-Creme

Zutaten
1 gelbe Paprikaschote
1 rote Paprikaschote
1/2 Kästchen Kresse
2 Scheiben LC-Knäcke
120 g reifer Camembert
120 g Magerquark
Pfeffer

Zubereitung
Die Paprikaschoten waschen und putzen. Das
Fruchtfleisch in große Schnitze schneiden.
Kresse abbrausen und abtropfen lassen. Die
Knäckebrote zerkrümeln.
Den Camembert mit der Gabel zerdrücken und
mit dem Quark vermischen. Die Creme mit
Pfeffer abschmecken.
Aus der Käsecreme mit Teelöffeln kleine Nocken
abstechen. Diese in die Paprikaschnitze setzen
und mit den Knäckekrümeln bestreuen. Mit
Kresse garniert servieren.

Auberginen mit Feta-Walnuss-Füllung

Zutaten
600 g Auberginen
2 EL Olivenöl
Salz
2 rote Paprikaschoten
Cayennepfeffer
getrockneter Oregano
2 Frühlingszwiebeln
1 Tomate
40 g Walnusskerne
120 g Feta
1 Ei
3 EL gehackte glatte Petersilie
Pfeffer
Zahnstocher

Zubereitung
Den Backofen auf 200° (Umluft 180°) vorheizen.
Auberginen waschen, putzen und längs in 1 cm
dicke Scheiben schneiden, von den Randscheiben
die Haut sehr dünn abschneiden.
Ein Backblech mit 1 EL Öl bestreichen. Die
Auberginenscheiben nebeneinander darauf legen,
salzen und mit 1 EL Öl beträufeln. Auberginen im
Ofen 20 Min. backen. Nach 10 Min. umdrehen.

Inzwischen die Paprikaschoten waschen und im Ganzen in Salzwasser weich kochen. Paprika abtropfen lassen, Stielansatz und Samen entfernen. Das Fruchtfleisch in Stücken schneiden und mit dem Pürierstab fein pürieren. Die Paprikasauce mit Cayennepfeffer, Oregano und Salz abschmecken.

Frühlingszwiebeln waschen, putzen und in Ringe schneiden. Tomate waschen. Stielansatz entfernen. Fruchtfleisch fein würfeln. Walnüsse hacken. Das Brot zerbröseln. Den Käse mit der Gabel zerdrücken.

100 g Käse, Ei, Frühlingszwiebeln, Tomaten, Walnüsse und Petersilie vermischen, mit Pfeffer würzen. Die Auberginenscheiben aus dem Ofen nehmen, leicht abkühlen lassen

Auberginen mit der Füllung bestreichen, aufrollen und mit Zahnstochern fixieren. Die Röllchen nebeneinander in eine Form legen, mit dem restlichen Käse bestreuen, im heißen Ofen ca. 15 Min. backen.

Die Paprikasauce nochmals erhitzen und zu den Auberginenröllchen reichen.

Tofuklöße

Zutaten
200g Tofu
2 Eier
Pfeffer, Salz, Petersilie oder andere Kräuter
nach Geschmack
3 Esslöffel Gluten

Tofu und die Eier mit dem Pürierstab zu einer
Masse mixen. Dann die restlichen Zutaten
zugeben und zu einer homgenen Masse vermengen.
Daraus Klöße und in heißes Wasser oder Brühe
legen. Dass Wasser sollte nicht sprudelnd kochen,
die Klöße sollen nur ziehen. Eine halbe Stunde
ziehen lassen und danach noch in Butter anbraten.

Hackfleischrollen in Creme Fraiche Tomatensosse

Zutaten
500 g Hackfleisch
150 g Butterkäse
120 g Bacon
1 Becher Creme Fraiche
100 g passierte Tomaten
Oregano, Majoran, Kräuter der Provence, Salz
Pfeffer, Paprika edelsüß

Zubereitung
Das Hackfleisch mit den Gewürzen würzen. Den
Butterkäse übereinander legen und so schneiden,
dass Sticks entstehen. Aus dem Hackfleisch
Fladen machen, den Käse in die Mitte und dann
Röllchen draus formen, so dass der Käse
ummantelt ist. Anschließend die Rollen mit jeweils
2 Scheiben Bacon umwickeln.
Das ganze von allen Seiten anbraten, raus nehmen
und Fett abschütten. Mit Creme Fraiche
"ablöschen" und die Tomaten einrühren.

Hotwings mit Bluecheese Dip

Zutaten
ca. 500 g Chickenwings
Salz
Pfeffer
Paprika
Backpulver
1 Gefrierbeutel
Butter
Ketchup scharf
Creme fraiche
Blauschimmelkäse
Staudensellerie

Zubereitung
Chickenwings am Gelenk in Ober- und Unterflügel
teilen, waschen und auf Küchenrolle abtrocknen
lassen bis die Haut trocken ist.

In einem Gefrierbeutel 1 Tütchen Backpulver mit
Salz Pfeffer und Paprikapulver mischen, die
trockenen Wings je nach Größe des Beutels
einzeln oder bis zu 6 Stück in den Beutel stecken,
den Beutel aufblasen und schütteln. Das hat den
Vorteil, das die Wings von allen Seiten

gleichmäßig aber nicht zu viel, "paniert" werden.
Die Wings frittieren.

in einer Schüssel nun 3 El Butter schmelzen und
dazu die gleiche Menge scharfen Ketchup geben
und verrühren.

In einer anderen Schüssel einen halben
Blauschimmelkäse mit einem halben Becher
Creme Fraiche oder Creme Double mit einer
Gabel zerdrücken und mischen und alles mit Salz
und Pfeffer abschmecken.

Die Soße über die heißen Wings geben.

Putensteaks in Kapern-Sahne-Soße

Zutaten
500g Putensteaks
130 ml Sahne
Kapern aus dem Glas
Olivenöl
Pfeffer und Salz

Zubereitung
Putensteaks in einer Pfanne in Olivenöl braten,
herausnehmen und warm stellen.
Die Sahne und einen Schuss vom Kapernwasser in
die Pfanne geben und einkochen lassen,
mit Salz und Pfeffer abschmecken.
Die Kapern hinzufügen und die Steaks nochmals
Hineingeben.

Canneloni

Zutaten
500g Hackfleisch
1 l Zwiebel
Pizzagewürz
Salz Pfeffer
1 Ei
6 Scheiben Schinken
200g Käse

Zubereitung
Hackfleisch mit den Zwiebeln anbraten, würzen,
und etwas abkühlen lassen.
Ei dazu mischen. Dann die Mischung auf die
Schinkenscheibenlegen und aufrollen

In eine gefettete Auflaufform legen. Mit Käse
bedecken und im Backofen ca. 40 Minuten
überbacken

.

Parmesan Chickenstripes

Zutaten
Masse
4 EL Mayonnaise
4 EL Senf
1 TL Salz
1 TL Pfeffer
2 EL Sahne

Kruste:
8 EL fein geriebener Parmesan
1 TL Knoblauchpulver
1 TL Basilikum
1 TL Oregano

Den Ofen auf 200 Grad vorheizen.
Die Hühnchenstreifen erst in die Masse tauchen
und dann in der Parmesanmischung panieren.
Auf ein Backblech legen und ca. 30 Minuten
backen.

Salzbraten

Zutaten
2000g Schweinenacken ohne Knochen
2 Pakete Jodsalz

Zubereitung
Den Ofen auf 180 Grad vorheizen, das Salz auf
die Mitte des Backbleches schütten und dann das
ungewürzte Fleisch darauf betten.
Jetzt nur noch ab in den Ofen und 3 Stunden bei
180 Grad braten lassen.

Cola Hähnchen

Zutaten
400g Hähnchen- oder Putenfleisch
500 ml Cola light
2 EL Tomatenmark
Salz
Pfeffer

Zubereitung
Zuerst wird das Fleisch auf allen Seiten kurz
scharf angebraten. Anschließend würzen und das
Tomatenmark und Cola hinzugeben. Abwarten bis
die Flüssigkeit eingekocht ist. Es entsteht dabei
eine richtig cremige Sauce.
Alles hübsch anrichten.

Italienischer Hackbraten

Zutaten
800g Hackfleisch, gemischt
2 Eier
150g Mozzarella
100g getrocknete, in Öl eingelgte Tomaten
4 EL Sahne
1 EL Petersilie, gehackt
1 EL Oregano
1 EL Basilikum
Salz und Pfeffer

Zubereitung
Das Hackfleisch mit Eiern mischen und würzen.
Mozzarella und Tomaten würfeln, schneiden und
mit Sahne unter das Hackfleisch mischen.
Eine Kastenform einfetten, den Fleischteig
hineingeben und bei 200 Grad Umluft ca. 50 Min
garen lassen.

Soja- Taler mit Speck und Käse

Zutaten
50g Sojagranulat
170ml Wasser
3 Eier
80g Käsewürfel
50g Speckwürfel
60g feine Zwiebelwürfel
gehackte Petersilie , oder Schnittlauch
Salz, Pfeffer, Muskatnuss
etwas Paprikapulver, Knoblauch

Zubereitung
Das Sojagranulat in 170 ml Wasser 30 Minuten
quellen lassen.
Danach alles miteinander vermengen und etwa 20
Minuten ruhen lassen.
Zu flachen Talern formen und bei
180 Grad Ober/-Unterhitze backen, bis sie
knusprig sind backen. dauert je nach Ofen ca.
30min

Putenbrust-Gemüsepfanne

Zutaten
250 g Putenbrust
40 g Pilze
50 g Zucchini
50 g Tomaten passiert
60 g Mozzarella
10 g Sahne
3 EL Olivenöl

Zubereitung
Die Putenbrust in etwas größere Stücke schneiden, Zucchini in kleinere Würfel, Mozarella ebenfalls in Würfel.

Das Öl in eine Pfanne geben, dann Zucchini, Pilze und die Putenbrust anbraten und mit Basilikum und Majoran würzen.
Wenn das Fleisch durchgebraten ist, die passierten Tomaten dazugeben und die Sahne, gut verrühren, mit ordentlich rotem Paprika würzen und zum Schluss Mozzarella reingeben, leicht köcheln bis sich der Mozzarella aufgelöst hat und fertig.

Knoblauchhuhn

Zutaten
1 Huhn
60 Zehen Knoblauch ungeschält
1 Möhre
1 Stange Porree
1 TL Thymian
1 TL Bohnenkraut
1 TL Oregano
1 Lorbberblatt
4 TL Olivenöl

Zubereitung
Das Huhn in acht Teile zerlegen, salzen und
pfeffern. Alles in eine feuerfeste Form geben.
Knoblauch ins Innere des Huhns geben, das
übrige Gemüse einfach mit in die Firm legen.
Bei 180° für 90 Minuten in den Backofen geben.

Chili

Zutaten
600g Rindergehacktes
1 Zwiebel
1 Dose Chili Bohnen
150g Ajvar
3 Peperoni oder Chili-Schoten (je nach Schärfegrad)
150ml Wasser

Zubereitung:
Fleisch würzen und anbraten. Die Zwiebel zerkleinern und mit braten.
Jetzt Ajvar hinzufügen und mit dem Wasser verdünnen. Nun die Chili Bohnen reingeben.
Zum Schluss die Peperoni / Chili Schoten hineingeben.

Ca. 60 Minuten köcheln lassen. Zwischendurch umrühren.

Indisches Lamm mit Spinat

Zutaten
1kg Lammschulter ohne Knochen
800 g Blattspinat
4 Zwiebeln
1 Stück frischer Ingwer (ca. 3 cm)
8 Knoblauchzehen
8 EL Walnussöl
1/4 TL schwarze Pfefferkörner
3 Gewürznelken
2 Loorbeerblätter
5 grüne Kardamomkapseln
2 TL gemahlener Kreuzkümmel (Cumin)
1/4 TL gemahlener Chilli
1 1/2 TL gem. Kurkuma
2 TL edelsüßer Paprika
1 1/2 EL Bockshornkleeblätter
Salz
2 TL Garam Masala (indische Gewürzmischung)
100ml Sahne

Zubereitung
Fleisch in etwa 2cm große Würfel schneiden.
Spinat waschen und klein hacken. Zwiebeln
schälen und fein hacken, Knoblauch und Ingwer
fein reiben.

Das Öl bei mittlerer Hitze erwärmen,
Lorbeerblatt, Kardamomkapseln, Pfeffer und
Nelken etwa eine Minute darin anbraten.
Zwiebeln hinzugeben und braun braten. Knoblauch
und Ingwer dazugeben und noch 2 min. unter
ständigem Rühren braten.
Jetzt das Fleisch dazugeben und ringsum 3
Minuten braten. Dann die gemahlenen Gewürze
(mit Ausnahme des Garam Masala) und den
Bockshornklee hinzufügen, 2 Minuten
weiterbraten.
Spinat und ein wenig Salz hinzugeben und so
lange rühren, bis der Spinat zusammenfällt.
50 Minuten bei geringer Hitze zugedeckt köcheln
lassen, bis das Fleisch weich ist.
Dann Garam Masala sowie die Sahne hinzufügen
und weitere 10 Minuten offen köcheln lassen, bis
eine dicke grüne Sauce entstanden ist.

Hasenfilets

Zutaten
4 Hasenfilets
80 g Speck
4 Scheiben durchwachsener Speck
100 g Gänseleberpastete
50 g Champignons oder Morcheln
1 Glas Cognac

Zubereitung
Die enthäuteten, aber ungespickten Filets
werden etwas breit gedrückt, mit
Gänseleberpastete sowie einigen kurz
gedämpften Champignons oder Morcheln belegt,
zu kleinen Rouladen gerollt, mit einer Scheibe
Räucherspeck umwickelt und mit einem Hölzchen
zusammengesteckt.
Man stellt sie in einem möglich kleinen Pfännchen
aufrecht auf ein Speckbett und brät sie rasch.
In den Bratsaft den Gognac einfügen und
genießen.

Entenbrustfilets in Gin flambiert

Zutaten
4 Entenbrustfilets
15 Wacholderbeeeren
70 ml Gin
200 ml Sahne
Salz
schwarzer Pfeffer
Sojasauce

Zubereitung
Entenbrustfilets waschen und trocken tupfen.
Die Hautseite mit einem scharfen Messer
kreuzweise einschneiden, dabei das Fleisch nicht
verletzen. Die Filets in etwas Öl zunächst auf der
Hautseite ca. 8 Minuten knusprig braten, dann
von der Fleischseite ca. 5 Minuten braten. Aus
der Pfanne nehmen, in Alufolie wickeln und warm
stellen. Die Wacholderbeeren zerdrücken und
mit dem Gin in die Pfanne geben und sofort
anzünden.
Die brennende Pfanne leicht schütteln, nach dem
Erlöschen die Sahne zufügen und stark einkochen
lassen. Mit Salz, Pfeffer und Sojasauce
abschmecken. Die Filets aus der Alufolie wickeln
und den Saft aus der Folie zur Sauce geben.

Tiramisu

Zutaten
7 Eier
100g gemahlene Mandeln
200 ml Sahne
2 Tassen Espresso
600 g Mascarpone
Kakaopulver
Süßstoff

Zubereitung
5 Eigelbe mit den Mandeln und Süßstoff
vermischen.
5 Eiweiß steif schlagen und unter die
Mandelmasse heben.
Auf einem Backblech mit Backpapier verteilen
und für ca. 25 Minuten bei 180° backen. Abkühlen
lassen und in Stücke schneiden.
2 Eigelbe mit Süßstoff schaumig rühren.
Mascarpone und steif geschlagene Sahne
unterheben.

1 Schicht Mandelboden mit Espresso tränken, die
Hälfte der Mascarponecreme drauf verteilen.

Dann den restlichen Mandelboden drauf, mit
Espresso tränken und die restliche
Mascarponecreme verteilen. Für mindestens 12
Stunden kalt stellen.
Vor dem Servieren mit Kakaopulver bestreuen.

Pannacotta

Zutaten
400 ml Sahne
Süßstoff
1 Vanilleschote, ausgekratzt und mitgekocht
2 Blatt Gelatine

Zubereitung
Alle Zutaten bis auf die Gelatine in einen Topf
geben und langsam bis zum Kochen erhitzen.
Zwischendrin umrühren.
Die Blattgelatine in Wasser einweichen,
ausdrücken und in die Masse geben.
Nach dem Auflösen der Gelatine die
Vanilleschote entfernen und die Flüssigkeit in
kalt ausgespülte Dessertförmchen füllen.

Nun mindestens 4 Stunden in den Kühlschrank
stellen und später auf einen Teller stürzen.

Mousse au Chocolat

Zutaten
6 Eier
140 g Butter
60 g Kakaopulver
1 Espresso
Suestoff

Zubereitung
Die Eier trennen und das Eiweiß steif schlagen.
Die Butter schmelzen, das Kakaopulver
unterrühren. Eigelbe mit Suestoff schaumig
schlagen. Nach und nach die Butter und Espresso
unterrühren. Eischnee unterheben. Mindestens 4
Stunden kalt stellen.